Impressum
Verlag: BABADADA GmbH, Nedderfeld 112 , 22529 Hamburg
Geschäftsführer / Verlagsleitung: Harald Hof
Druck: Books on Demand GmbH, In de Tarpen 42, 22848 Norderstedt

Imprint
Publisher: BABADADA GmbH, Nedderfeld 112 , 22529 Hamburg, Germany
Managing Director / Publishing direction: Harald Hof
Print: Books on Demand GmbH, In de Tarpen 42, 22848 Norderstedt, Germany

die Schule

学校

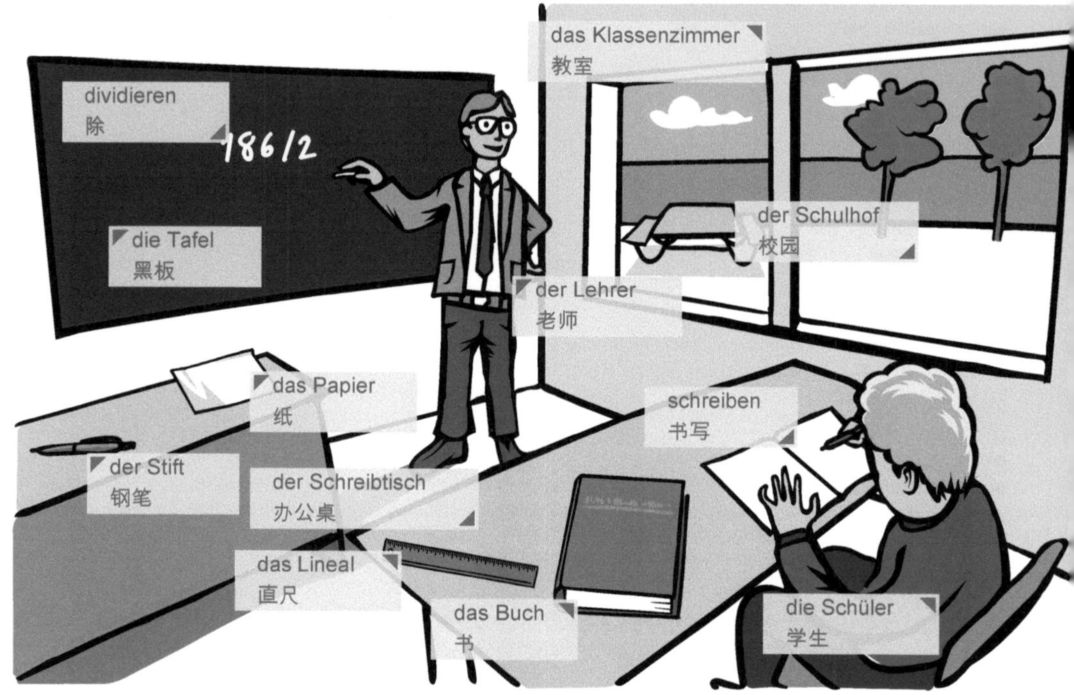

das Klassenzimmer
教室
dividieren
除
186/2
die Tafel
黑板
der Schulhof
校园
der Lehrer
老师
das Papier
纸
schreiben
书写
der Stift
钢笔
der Schreibtisch
办公桌
das Lineal
直尺
das Buch
书
die Schüler
学生

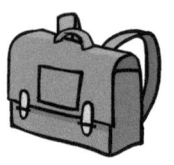

der Ranzen

书包

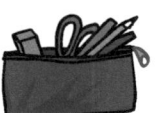

die Federmappe

铅笔盒

der Bleistift

铅笔

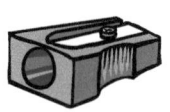

der Bleistiftanspitzer

卷笔刀

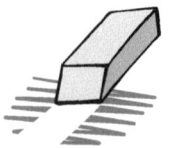

das Radiergummi

橡皮擦

der Zeichenblock

画板

die Zeichnung
图画

der Pinsel
画笔

der Malkasten
颜料盒

die Schere
剪刀

der Klebstoff
胶水

das Übungsheft
练习册

die Hausaufgabe
家庭作业

die Zahl
数字

addieren
加

subtrahieren
减

multiplizieren
乘

rechnen
计算

der Buchstabe
字母

das Alphabet
字母表

das Wort
字

der Text

课文

lesen

读

die Kreide

粉笔

die Stunde

上课

das Klassenbuch

登记

die Prüfung

考试

das Zeugnis

证书

die Schuluniform

校服

die Ausbildung

教育

das Lexikon

百科全书

die Universität

大学

das Mikroskop

显微镜

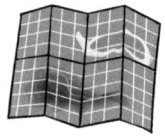

die Karte

地图

der Papierkorb

废纸筐

die Reise
旅行

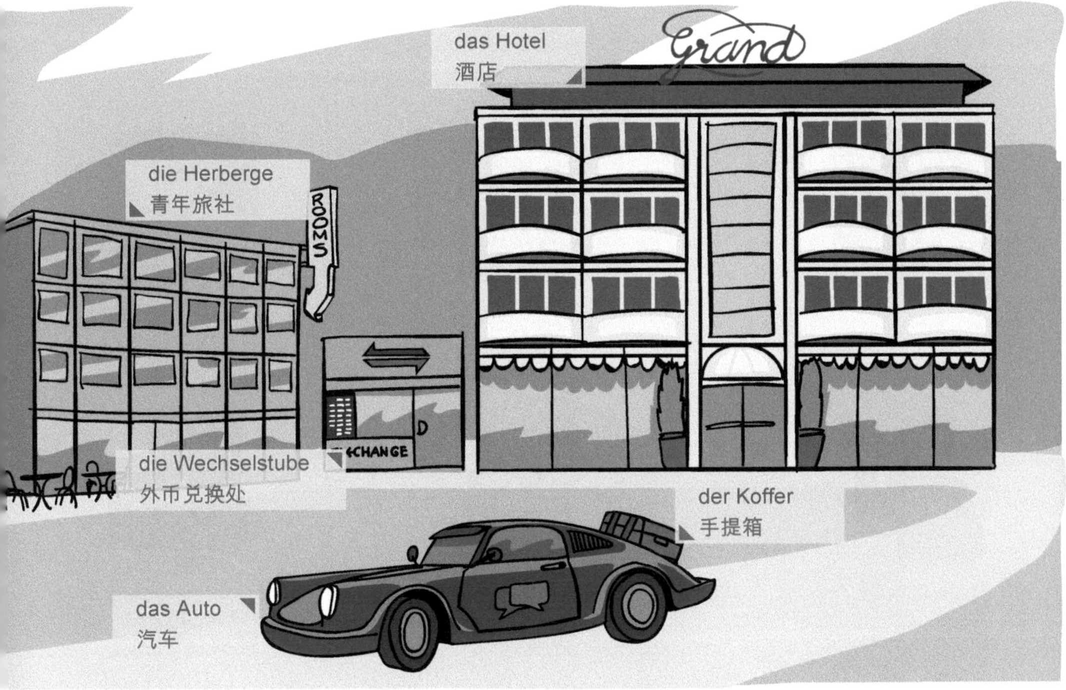

das Hotel
酒店
Grand
die Herberge
青年旅社
ROOMS
EXCHANGE
die Wechselstube
外币兑换处
der Koffer
手提箱
das Auto
汽车

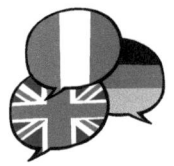

die Sprache

语言

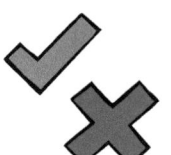

ja / nein

是/否

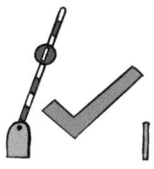

Okay

好的

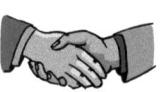

Hallo

您好

der Übersetzer

翻译员

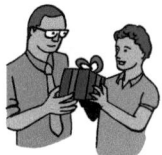

Danke

谢谢

Was kostet…?

……多少钱？

Ich verstehe nicht

我不明白

das Problem

问题

Guten Abend!

晚上好！

Guten Morgen!

早上好！

Gute Nacht!

晚安！

Auf Wiedersehen

再见

die Richtung

方向

das Gepäck

行李

die Tasche

包

der Rucksack

双肩包

der Gast

客人

das Zimmer

房间

der Schlafsack

睡袋

das Zelt

帐篷

die Touristeninformation

旅游信息

der Strand

海滩

die Kreditkarte

信用卡

das Frühstück

早餐

das Mittagessen

午餐

das Abendessen

晚餐

die Fahrkarte

票

der Fahrstuhl

电梯

die Briefmarke

邮票

die Grenze

边界

der Zoll

海关

die Botschaft

大使馆

das Visum

签证

der Pass

护照

der Transport
交通运输

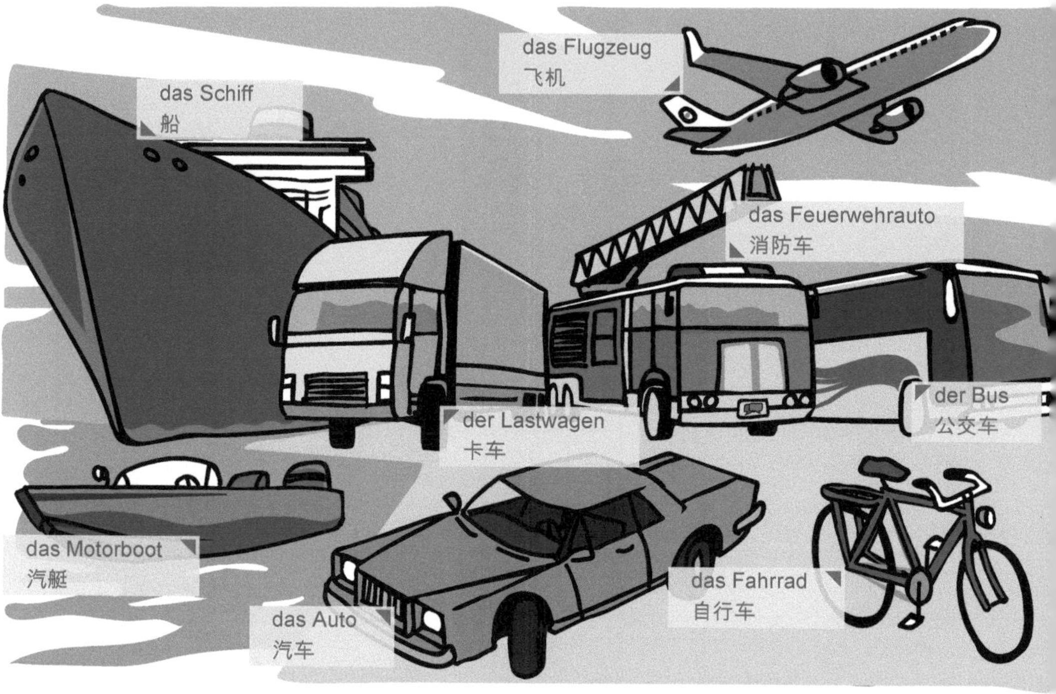

das Flugzeug
飞机

das Schiff
船

das Feuerwehrauto
消防车

der Bus
公交车

der Lastwagen
卡车

das Motorboot
汽艇

das Fahrrad
自行车

das Auto
汽车

die Fähre

摆渡船

das Boot

小船

das Motorrad

摩托车

das Polizeiauto

警车

das Rennauto

赛车

der Mietwagen

租车

das Carsharing

拼车

der Abschleppwagen

拖车

das Müllauto

垃圾车

der Motor

发动机

der Kraftstoff

汽油

die Tankstelle

加油站

das Verkehrsschild

交通标志

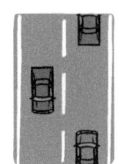

der Verkehr

交通

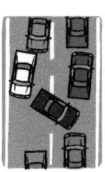

der Stau

交通堵塞

der Parkplatz

停车场

der Bahnhof

火车站

die Schienen

轨道

der Zug

火车

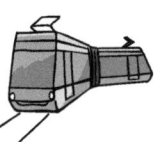

die Straßenbahn

电车

der Wagon

货车

der Helikopter

直升机

der Flughafen

机场

der Tower

塔

der Passagier

乘客

der Container

集装箱

der Karton

纸板箱

der Karren

手推车

der Korb

篮子

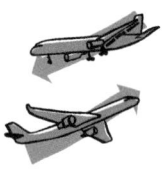

starten / landen

起飞/降落

die Stadt

城市

das Dorf

村庄

das Stadtzentrum

市中心

das Haus

房子

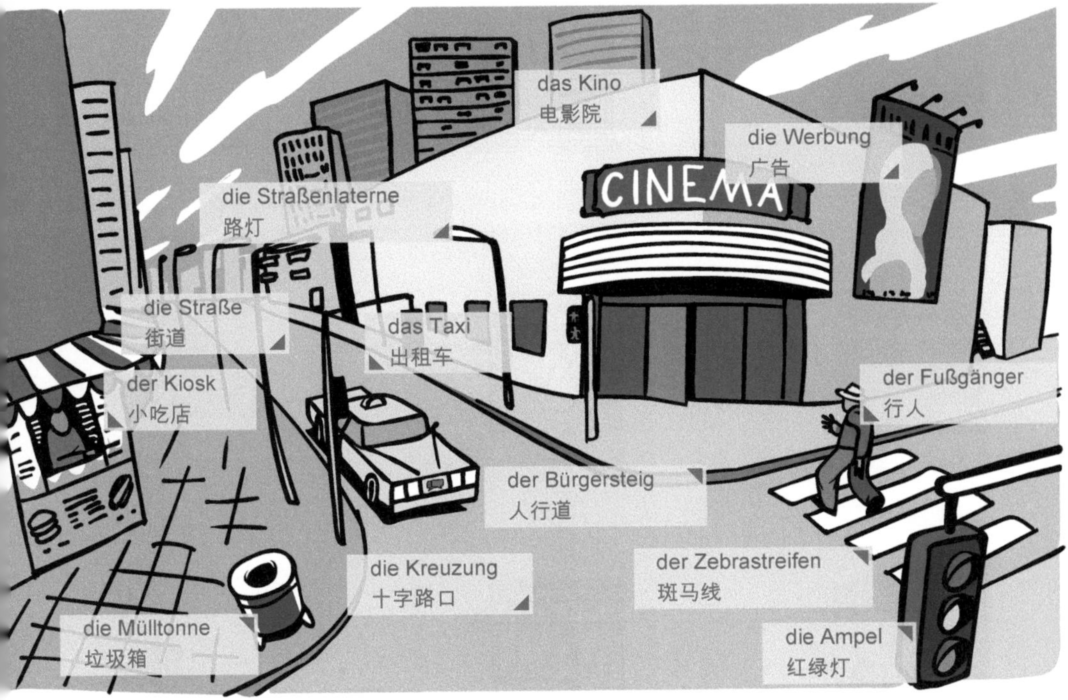

das Kino
电影院

die Werbung
广告

die Straßenlaterne
路灯

die Straße
街道

das Taxi
出租车

der Kiosk
小吃店

der Fußgänger
行人

der Bürgersteig
人行道

die Kreuzung
十字路口

der Zebrastreifen
斑马线

die Mülltonne
垃圾箱

die Ampel
红绿灯

CINEMA

die Hütte

小屋

die Wohnung

公寓

der Bahnhof

火车站

das Rathaus

市政厅

das Museum

博物馆

die Schule

学校

die Universität

大学

die Bank

银行

das Krankenhaus

医院

das Hotel

酒店

die Apotheke

药房

das Büro

办公室

die Buchhandlung

书店

das Geschäft

商店

der Blumenladen

花店

der Supermarkt

超市

der Markt

市场

das Kaufhaus

百货商店

der Fischhändler

鱼店

das Einkaufszentrum

购物中心

der Hafen

海港

die Stadt - 城市

der Park

公园

die Bank

长凳

die Brücke

桥

die Treppe

楼梯

die U-Bahn

地铁

der Tunnel

隧道

die Bushaltestelle

公交车站

die Bar

酒吧

das Restaurant

餐馆

der Briefkasten

邮筒

das Straßenschild

路标

die Parkuhr

停车计时器

der Zoo

动物园

die Badeanstalt

游泳馆

die Moschee

清真寺

der Bauernhof

农场

die Umweltverschmutzung

污染

der Friedhof

墓地

die Kirche

教堂

der Spielplatz

操场

der Tempel

寺庙

die Landschaft
地形

das Blatt
树叶

der Wegweiser
指示牌

der Weg
路

die Wiese
草地

der Stein
石头

der Baum
树

der Wanderer
徒步旅行者

der Fluss
河

das Gras
草

die Blume
花

das Tal

峡谷

der Berg

山

der See

湖

der Wald

森林

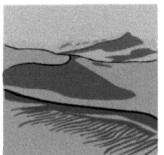

die Wüste

沙漠

der Vulkan

火山

das Schloss

城堡

der Regenbogen

彩虹

der Pilz

蘑菇

die Palme

棕榈树

der Moskito

蚊子

die Fliege

苍蝇

die Ameise

蚂蚁

die Biene

蜜蜂

die Spinne

蜘蛛

der Käfer

甲虫

der Frosch

青蛙

das Eichhörnchen

松鼠

der Igel

刺猬

der Hase

野兔

die Eule

猫头鹰

die Vogel

鸟

der Schwan

天鹅

das Wildschwein

野猪

der Hirsch

鹿

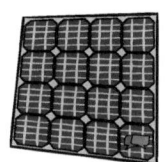

der Elch

麋鹿

der Staudamm

水坝

das Windrad

风力发电机

das Solarmodul

太阳能电池板

das Klima

气候

der Kellner
服务员

die Speisekarte
菜单

der Stuhl
椅子

die Suppe
汤

die Pizza
披萨饼

das Besteck
餐具

die Tischdecke
桌布

die Vorspeise

前菜

das Hauptgericht

主菜

die Nachspeise

甜点

die Getränke

饮料

das Essen

食物

die Flasche

瓶子

das Fastfood

快餐

das Streetfood

街边小吃

die Teekanne

茶壶

die Zuckerdose

糖盒

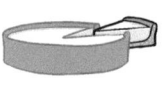

die Portion

一份饭菜

die Espressomaschine

意式咖啡机

der Hochstuhl

高脚椅

die Rechnung

账单

das Tablett

托盘

das Messer

刀

die Gabel

餐叉

der Löffel

勺子

der Teelöffel

茶匙

die Serviette

餐巾

das Glas

玻璃杯

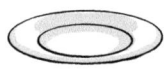

der Teller

碟子

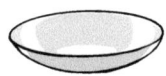

der Suppenteller

汤盘

die Untertasse

碟子

die Sauce

酱

der Salzstreuer

盐瓶

die Pfeffermühle

胡椒磨

der Essig

醋

das Öl

食用油

die Gewürze

调味料

das Ketchup

番茄酱

der Senf

芥末

die Mayonnaise

蛋黄酱

der Supermarkt

超市

das Angebot
特价
FOR
der Kunde
顾客
die Milchprodukte
乳制品
das Obst
水果
der Einkaufswagen
购物车

BUTCHERS

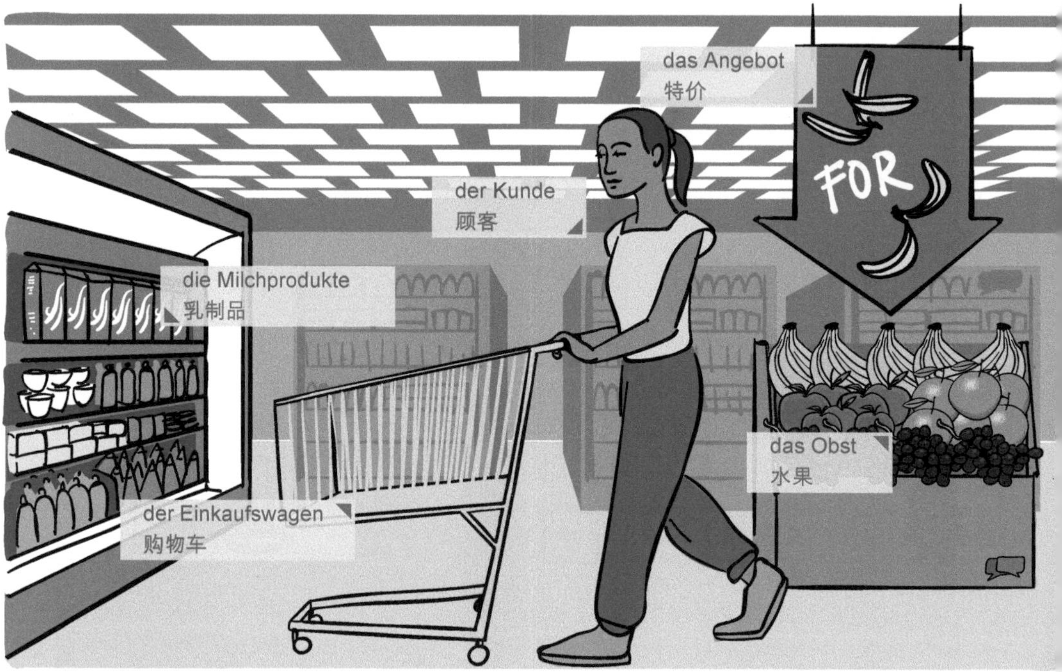

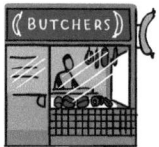

die Schlachterei

肉铺

BAKERY

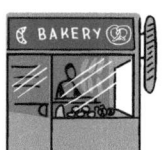

die Bäckerei

面包房

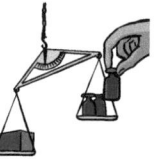

wiegen

称重

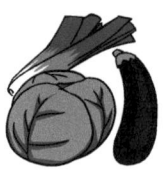

das Gemüse

蔬菜

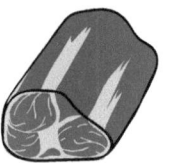

das Fleisch

肉

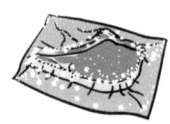

die Tiefkühlkost

冷冻食品

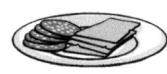

der Aufschnitt

冷盘

die Konserven

罐头食品

das Waschmittel

洗衣粉

die Süßigkeiten

甜食

die Haushaltsartikel

日用品

das Reinigungsmittel

清洁用品

die Verkäuferin

销售员

die Kasse

收银机

der Kassierer

收银员

die Einkaufsliste

购物清单

die Öffnungszeiten

开放时间

die Brieftasche

钱包

die Kreditkarte

信用卡

die Tasche

袋子

die Plastiktüte

塑料袋

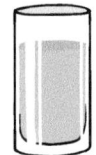

das Wasser

水

der Saft

果汁

die Milch

牛奶

die Cola

可乐

der Wein

红酒

das Bier

啤酒

der Alkohol

酒

der Kakao

可可

der Tee

茶

der Kaffee

咖啡

der Espresso

意式浓缩咖啡

der Cappuccino

卡布奇诺

die Banane

香蕉

der Apfel

苹果

die Orange

橙子

die Melone

西瓜

die Zitrone

柠檬

die Karotte

胡萝卜

der Knoblauch

大蒜

der Bambus

竹子

die Zwiebel

洋葱

der Pilz

蘑菇

die Nüsse

坚果

die Nudeln

面条

die Spaghetti

意大利面条

der Reis

米饭

der Salat

沙拉

die Pommes frites

薯条

die Bratkartoffeln

炸土豆

die Pizza

披萨饼

der Hamburger

汉堡包

das Sandwich

三明治

das Schnitzel

炸猪排

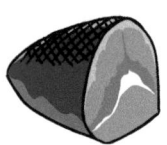

der Schinken

火腿

die Salami

萨拉米

die Wurst

香肠

das Huhn

鸡肉

der Braten

烤肉

der Fisch

鱼

die Haferflocken

燕麦片

das Müsli

穆兹利

die Cornflakes

玉米片

das Mehl

面粉

das Croissant

羊角面包

das Brötchen

面包卷

das Brot

面包

der Toast

烤面包

die Kekse

饼干

die Butter

黄油

der Quark

凝乳

der Kuchen

蛋糕

das Ei

蛋

das Spiegelei

煎蛋

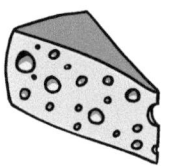

der Käse

奶酪

die Eiscreme

冰激凌

der Zucker

糖

der Honig

蜂蜜

die Marmelade

果酱

die Nougat-Creme

巧克力酱

das Curry

咖喱饭

das Essen - 食物

der Bauernhof
农场

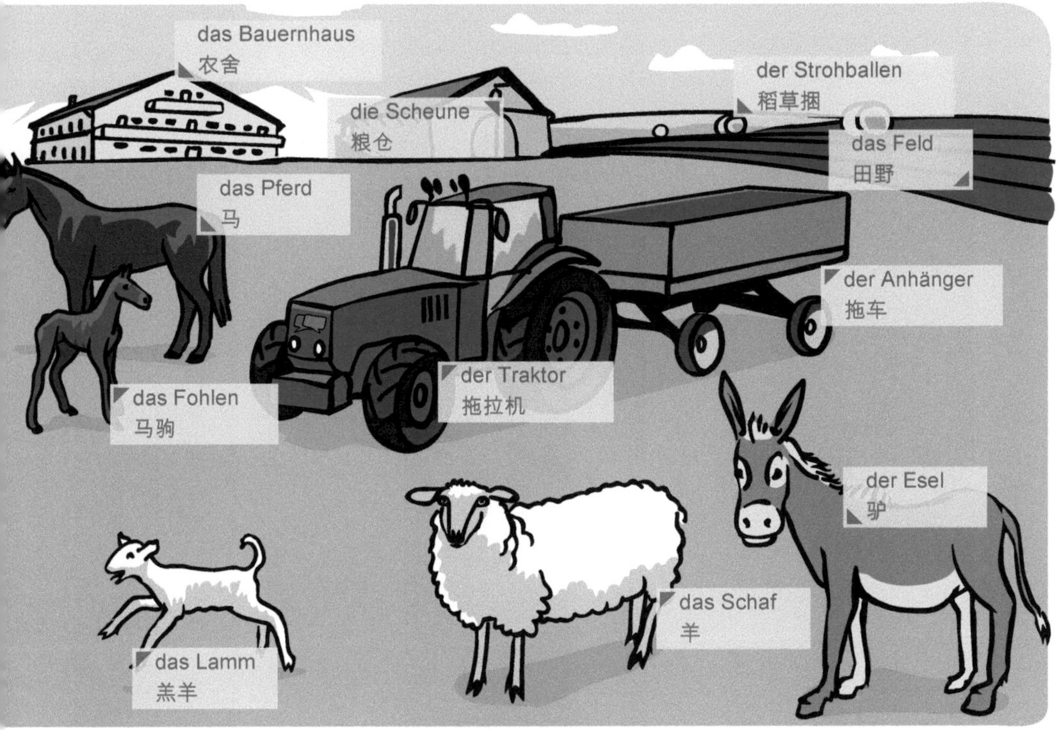
das Bauernhaus
农舍
die Scheune
粮仓
der Strohballen
稻草捆
das Feld
田野
das Pferd
马
der Anhänger
拖车
der Traktor
拖拉机
das Fohlen
马驹
der Esel
驴
das Schaf
羊
das Lamm
羔羊

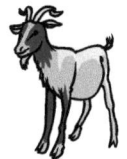

die Ziege

山羊

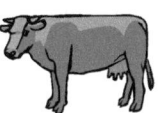

die Kuh

奶牛

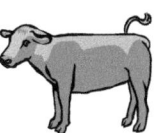

das Kalb

牛犊

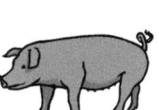

das Schwein

猪

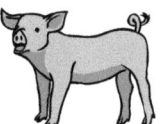

das Ferkel

小猪

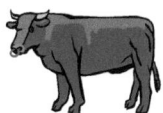

der Bulle

公牛

die Gans

鹅

die Ente

鸭

das Küken

小鸡

das Huhn

母鸡

der Hahn

公鸡

die Ratte

鼠

die Katze

猫

die Maus

老鼠

der Ochse

牛

der Hund

狗

die Hundehütte

狗屋

der Gartenschlauch

花园浇水软管

die Gießkanne

洒水壶

die Sense

长柄大镰刀

der Pflug

犁

die Sichel

镰刀

die Hacke

锄头

die Mistgabel

长柄草耙

die Axt

斧头

die Schubkarre

独轮手推车

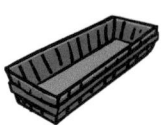

der Trog

饲料槽

die Milchkanne

牛奶罐

der Sack

麻布袋

der Zaun

栅栏

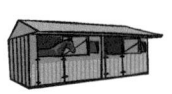

der Stall

马厩

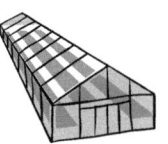

das Treibhaus

温室

der Boden

土壤

die Saat

种子

der Dünger

肥料

der Mähdrescher

联合收割机

ernten

收割

die Ernte

收割

die Yamswurzel

山药

der Weizen

小麦

das Soja

大豆

die Kartoffel

土豆

der Mais

玉米

der Raps

油菜籽

der Obstbaum

果树

der Maniok

树薯

das Getreide

谷物

das Haus
房子

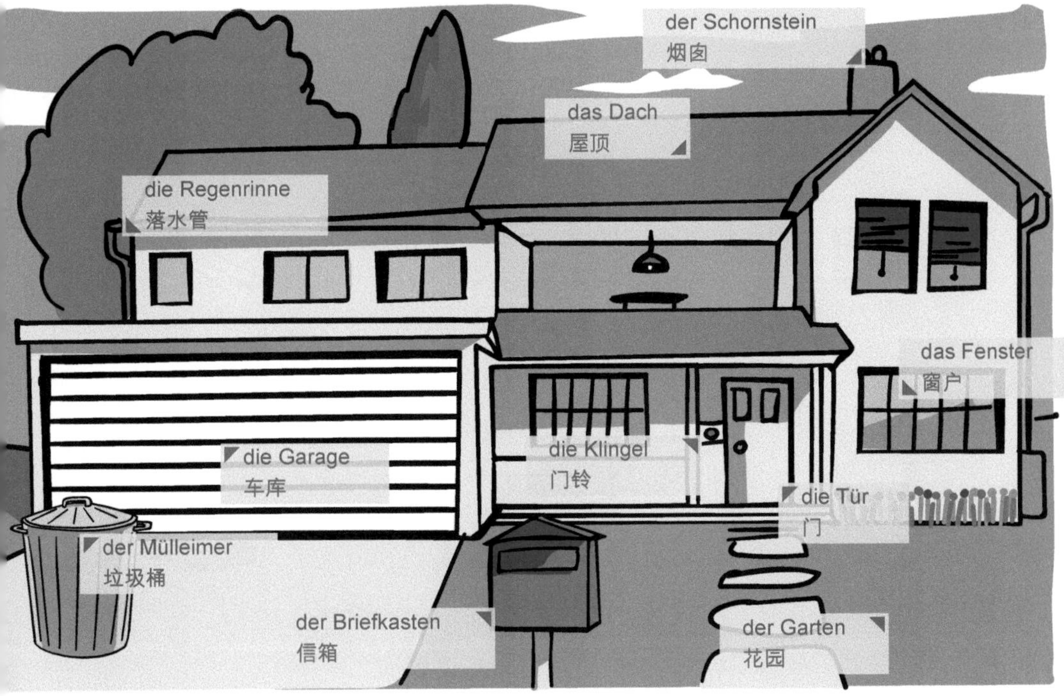
der Schornstein
烟囱
das Dach
屋顶
die Regenrinne
落水管
das Fenster
窗户
die Garage
车库
die Klingel
门铃
die Tür
门
der Mülleimer
垃圾桶
der Briefkasten
信箱
der Garten
花园

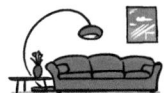

das Wohnzimmer
客厅

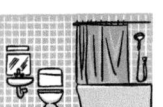

das Badezimmer
浴室

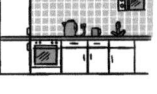

die Küche
厨房

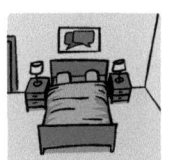

das Schlafzimmer
卧室

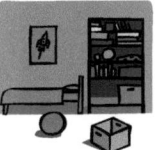

das Kinderzimmer
儿童房

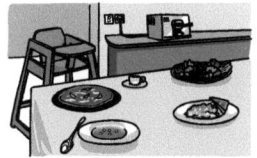

das Esszimmer
餐厅

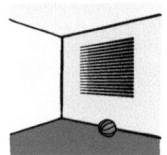

der Boden

地板

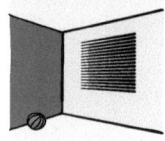

die Wand

墙壁

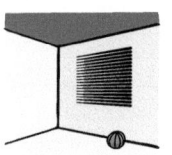

die Decke

吊顶

der Keller

地窖

die Sauna

桑拿

der Balkon

阳台

die Terrasse

露台

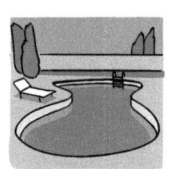

das Schwimmbad

游泳池

der Rasenmäher

割草机

der Bettbezug

被单

die Bettdecke

床罩

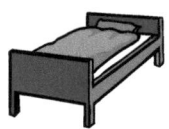

das Bett

床

der Besen

扫帚

der Eimer

水桶

der Schalter

开关

das Wohnzimmer

客厅

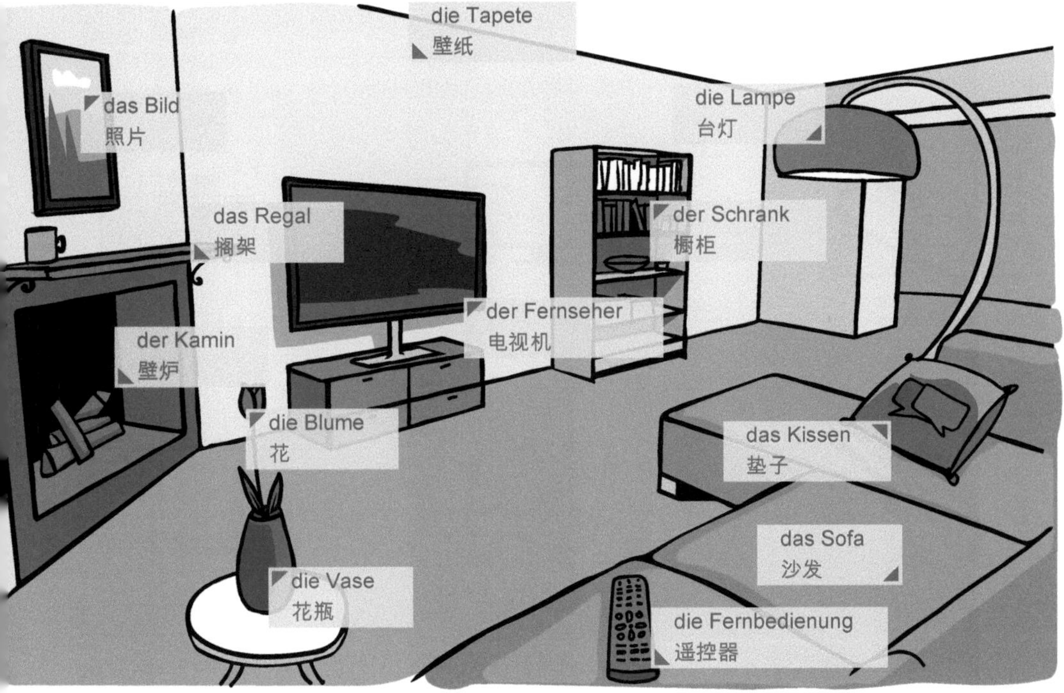
die Tapete
壁纸
das Bild
照片
die Lampe
台灯
das Regal
搁架
der Schrank
橱柜
der Fernseher
电视机
der Kamin
壁炉
die Blume
花
das Kissen
垫子
das Sofa
沙发
die Vase
花瓶
die Fernbedienung
遥控器

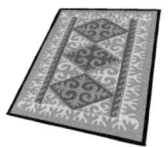

der Teppich

地毯

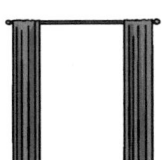

der Vorhang

窗帘

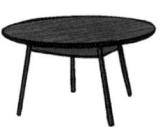

der Tisch

餐桌

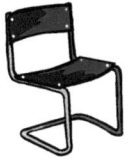

der Stuhl

椅子

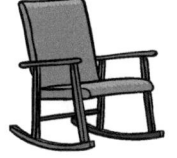

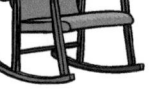

der Schaukelstuhl

摇椅

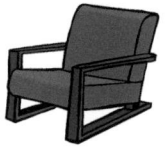

der Sessel

扶手椅

das Buch

书

die Decke

毯子

die Dekoration

装饰品

das Feuerholz

木柴

der Film

电影

die Stereoanlage

高保真音响

der Schlüssel

钥匙

die Zeitung

报纸

das Gemälde

油画

das Poster

海报

das Radio

收音机

der Notizblock

笔记本

der Staubsauger

吸尘器

der Kaktus

仙人掌

die Kerze

蜡烛

die Küche
厨房

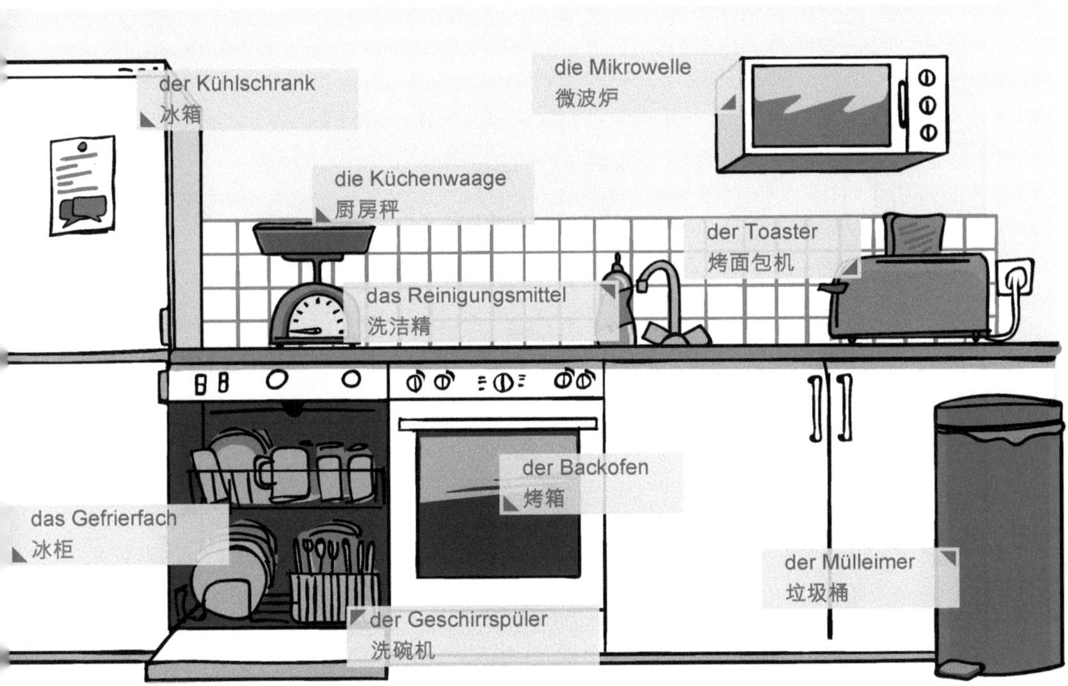

der Kühlschrank
冰箱
die Mikrowelle
微波炉
die Küchenwaage
厨房秤
der Toaster
烤面包机
das Reinigungsmittel
洗洁精
der Backofen
烤箱
das Gefrierfach
冰柜
der Mülleimer
垃圾桶
der Geschirrspüler
洗碗机

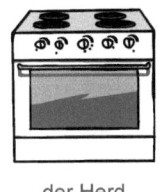

der Herd

炊具

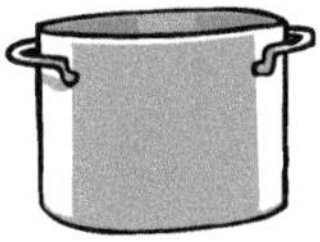

der Topf

锅

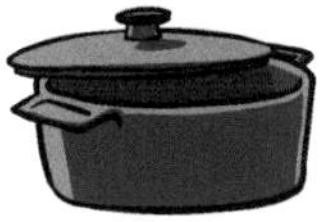

der Eisentopf

铸铁锅

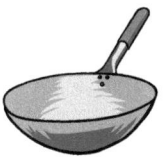

der Wok / Kadai

炒锅

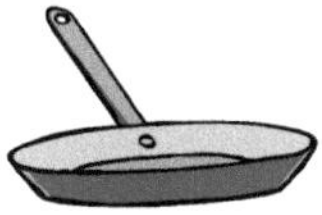

die Pfanne

平底锅

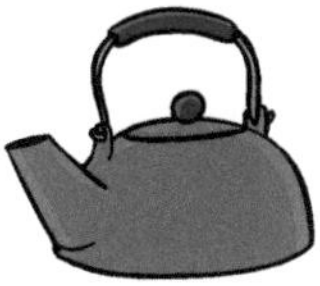

der Wasserkocher

水壶

der Dampfgarer

蒸锅

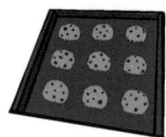

das Backblech

烤盘

das Geschirr

陶瓷锅

der Becher

马克杯

die Schale

碗

die Essstäbchen

筷子

die Suppenkelle

长柄勺

der Pfannenwender

铲子

der Schneebesen

搅拌器

das Kochsieb

滤网

das Sieb

筛子

die Reibe

磨碎机

der Mörser

研钵

der Grill

烧烤

die Feuerstelle

明火

das Schneidebrett

菜板

das Nudelholz

擀面杖

der Korkenzieher

开瓶器

die Dose

罐子

der Dosenöffner

开罐器

der Topflappen

隔热手套

das Waschbecken

水槽

die Bürste

刷子

der Schwamm

海绵

der Mixer

搅拌机

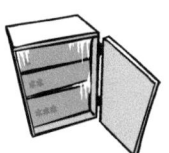

die Gefriertruhe

冷藏箱

die Babyflasche

奶瓶

der Wasserhahn

水龙头

das Badezimmer
浴室

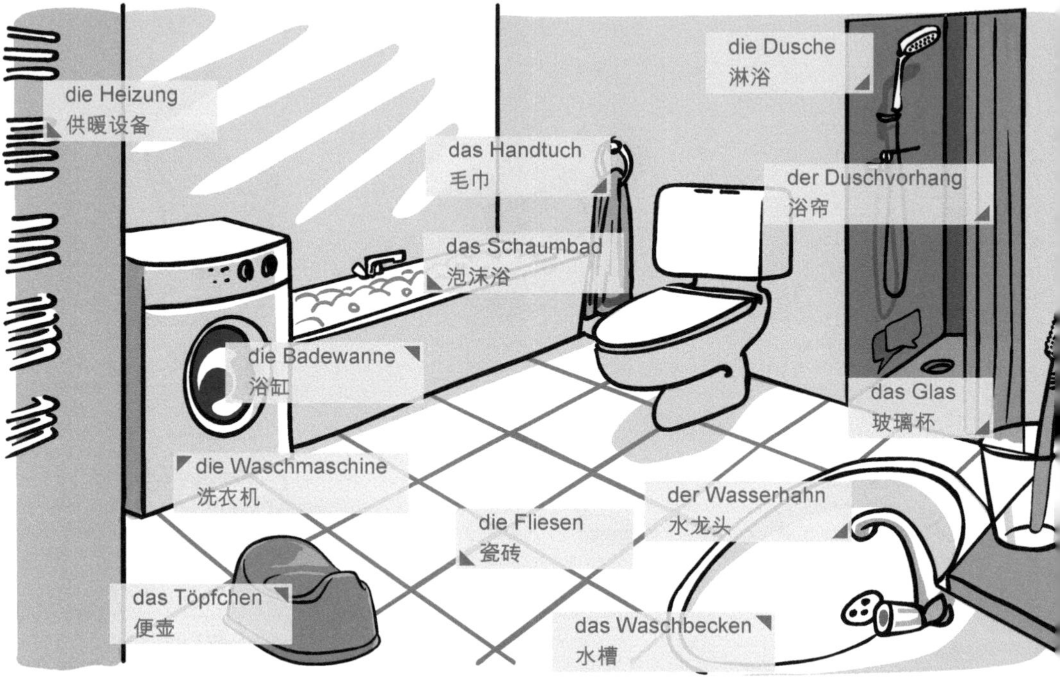

die Heizung
供暖设备
die Dusche
淋浴
das Handtuch
毛巾
der Duschvorhang
浴帘
das Schaumbad
泡沫浴
die Badewanne
浴缸
das Glas
玻璃杯
die Waschmaschine
洗衣机
der Wasserhahn
水龙头
die Fliesen
瓷砖
das Töpfchen
便壶
das Waschbecken
水槽

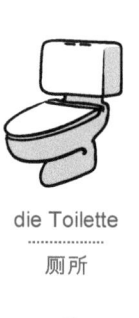

die Toilette
厕所

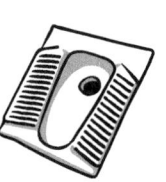

die Hocktoilette
蹲便器

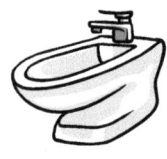

das Bidet
坐浴器

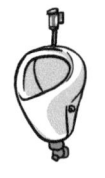

das Pissoir
小便池

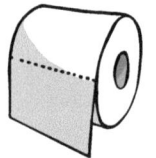

das Toilettenpapier
厕纸

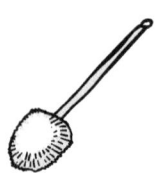

die Toilettenbürste
马桶刷

die Zahnbürste

牙刷

die Zahnpasta

牙膏

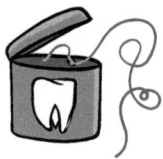

die Zahnseide

牙线

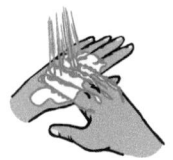

waschen

洗

die Handbrause

手持式喷淋头

die Intimdusche

冲洗器

die Waschschüssel

洗脸盆

die Rückenbürste

擦背刷

die Seife

肥皂

das Duschgel

沐浴露

das Shampoo

洗发水

der Waschlappen

法兰绒

der Abfluss

排水

die Creme

乳霜

das Deodorant

除臭剂

der Spiegel

镜子

der Kosmetikspiegel

手镜

der Rasierer

剃须刀

der Rasierschaum

剃须泡沫

das Rasierwasser

须后水

der Kamm

梳子

die Bürste

刷子

der Föhn

吹风机

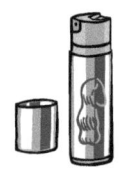

das Haarspray

喷发定型剂

das Makeup

化妆品

der Lippenstift

唇膏

der Nagellack

指甲油

die Watte

化妆棉

die Nagelschere

指甲剪

das Parfum

香水

der Kulturbeutel

洗漱包

der Hocker

凳子

die Waage

计重秤

der Bademantel

浴袍

die Gummihandschuhe

橡胶手套

das Tampon

卫生棉条

die Damenbinde

卫生巾

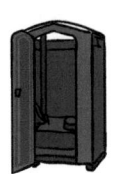

die Chemietoilette

化学厕所

das Kinderzimmer
儿童房

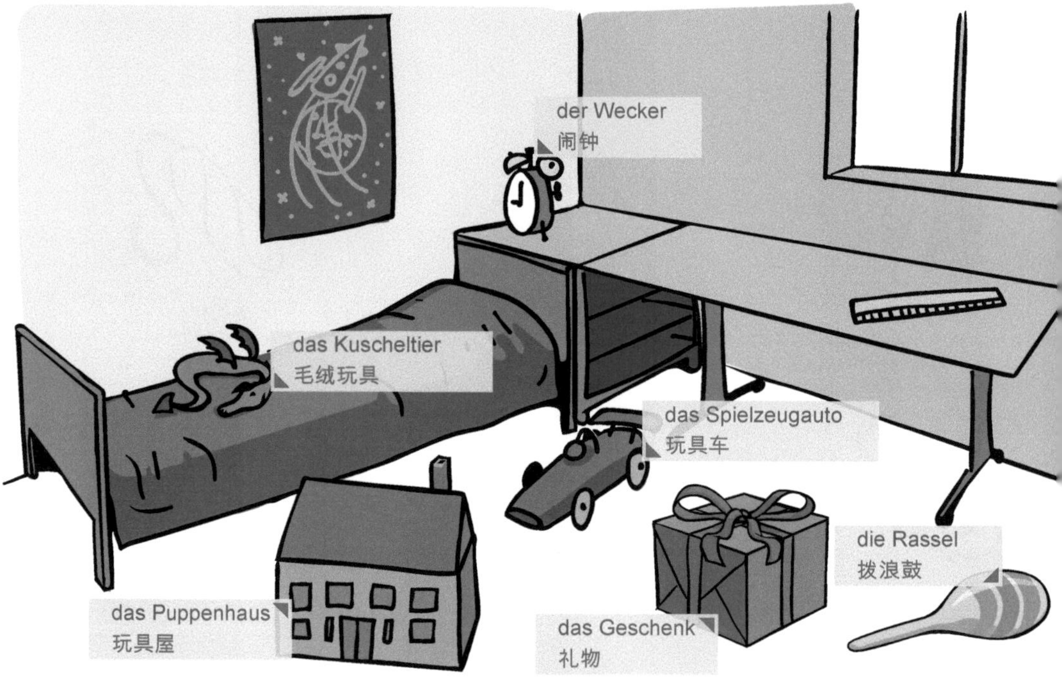

der Wecker
闹钟

das Kuscheltier
毛绒玩具

das Spielzeugauto
玩具车

die Rassel
拨浪鼓

das Puppenhaus
玩具屋

das Geschenk
礼物

der Ballon

气球

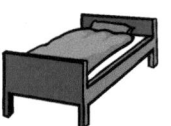

das Bett

床

der Kinderwagen

（洋娃娃用）婴儿车

das Kartenspiel

扑克牌

das Puzzle

拼图

der Comic

漫画

die Legosteine

乐高积木

die Bausteine

积木玩具

die Action Figur

玩具人

der Strampelanzug

婴儿服

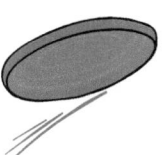

das Frisbee

飞盘

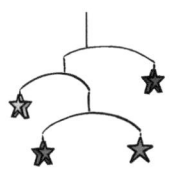

das Mobile

床铃玩具

das Brettspiel

棋盘游戏

der Würfel

骰子

die Modelleisenbahn

火车模型

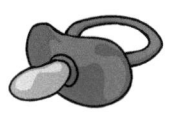

der Schnuller

安抚奶嘴

die Party

聚会

das Bilderbuch

绘本

der Ball

球

die Puppe

洋娃娃

spielen

玩

der Sandkasten

沙坑

die Schaukel

秋千

das Spielzeug

玩具

die Spielkonsole

游戏机

das Dreirad

三轮车

der Teddy

泰迪熊

der Kleiderschrank

衣柜

die Kleidung

衣服

die Socken

袜子

die Strümpfe

长袜

die Strumpfhose

紧身裤

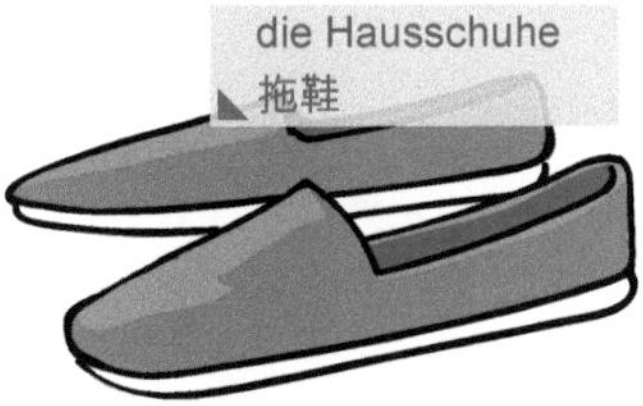

der Schal
围巾

der Regenschirm
雨伞

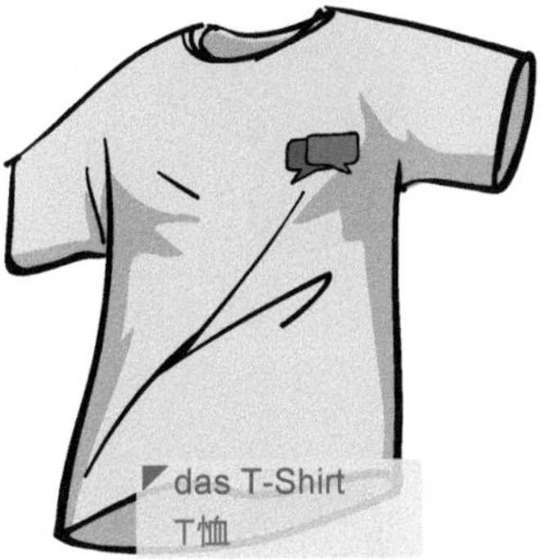

das T-Shirt
T恤

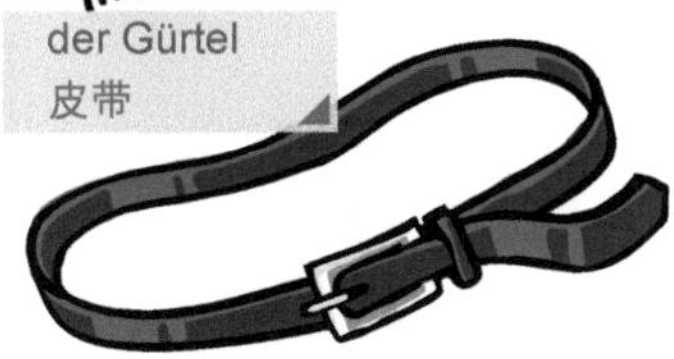

der Gürtel
皮带

die Turnschuhe
运动鞋

der Stiefel
靴子

die Hausschuhe
拖鞋

die Sandalen
凉鞋

die Schuhe
鞋

die Gummistiefel
雨靴

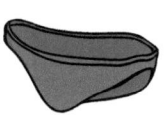

die Unterhose
内裤

der Büstenhalter
胸罩

das Unterhemd
背心

die Kleidung - 衣服

45

der Body

身体

die Hose

裤子

die Jeans

牛仔裤

der Rock

短裙

die Bluse

女式衬衫

das Hemd

衬衫

der Pullover

套头衫

der Kapuzenpullover

卫衣

der Blazer

西装夹克

die Jacke

夹克

der Mantel

外套

der Regenmantel

雨衣

das Kostüm

套装

das Kleid

连衣裙

das Hochzeitskleid

婚纱

der Anzug

西装

das Nachthemd

睡袍

der Schlafanzug

睡衣

der Sari

莎丽

das Kopftuch

头巾

der Turban

包头巾

die Burka

波卡

der Kaftan

卡夫坦

die Abaya

(阿拉伯式)长袍

der Badeanzug

泳衣

die Badehose

男式泳裤

die kurze Hose

短裤

der Trainingsanzug

运动服

die Schürze

围裙

die Handschuhe

手套

der Knopf

纽扣

die Brille

眼镜

das Armband

手链

die Halskette

项链

der Ring

戒指

der Ohrring

耳环

die Mütze

便帽

der Kleiderbügel

衣架

der Hut

帽子

die Krawatte

领带

der Reißverschluss

拉链

der Helm

头盔

der Hosenträger

背带

die Schuluniform

校服

die Uniform

制服

das Lätzchen

围兜

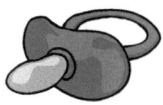

der Schnuller

安抚奶嘴

die Windel

尿不湿

das Büro
办公室

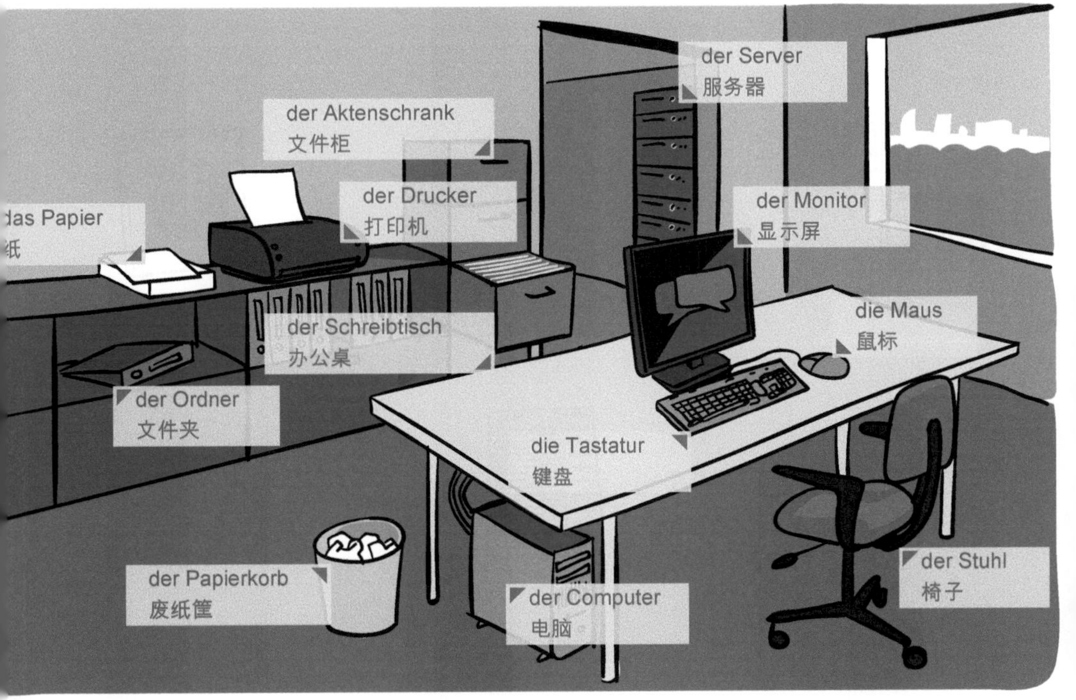

der Server
服务器

der Aktenschrank
文件柜

der Drucker
打印机

der Monitor
显示屏

das Papier
纸

der Schreibtisch
办公桌

die Maus
鼠标

der Ordner
文件夹

die Tastatur
键盘

der Papierkorb
废纸篓

der Stuhl
椅子

der Computer
电脑

der Kaffeebecher

咖啡杯

der Taschenrechner

计算器

das Internet

因特网

der Laptop

笔记本电脑

der Brief

信件

die Nachricht

消息

das Handy

手机

das Netzwerk

网络

der Kopierer

复印机

die Software

软件

das Telefon

电话

die Steckdose

插座

das Fax

传真机

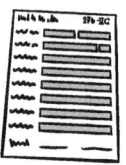

das Formular

表格

das Dokument

文件

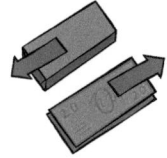

kaufen

买

bezahlen

付钱

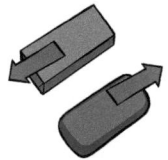

handeln

交易

das Geld

现金

der Dollar

美元

der Euro

欧元

der Yen

日元

der Rubel

卢布

der Franken

瑞士法郎

der Renminbi Yuan

人民币

die Rupie

卢比

der Geldautomat

提款处

die Wechselstube

外币兑换处

das Gold

金

das Silber

银

das Öl

石油

die Energie

能源

der Preis

价格

der Vertrag

合同

die Steuer

税金

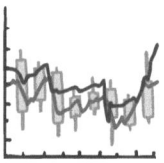

die Aktie

股票

arbeiten

工作

der Angestellte

职员

der Arbeitgeber

老板

die Fabrik

工厂

das Geschäft

商店

die Berufe
职业

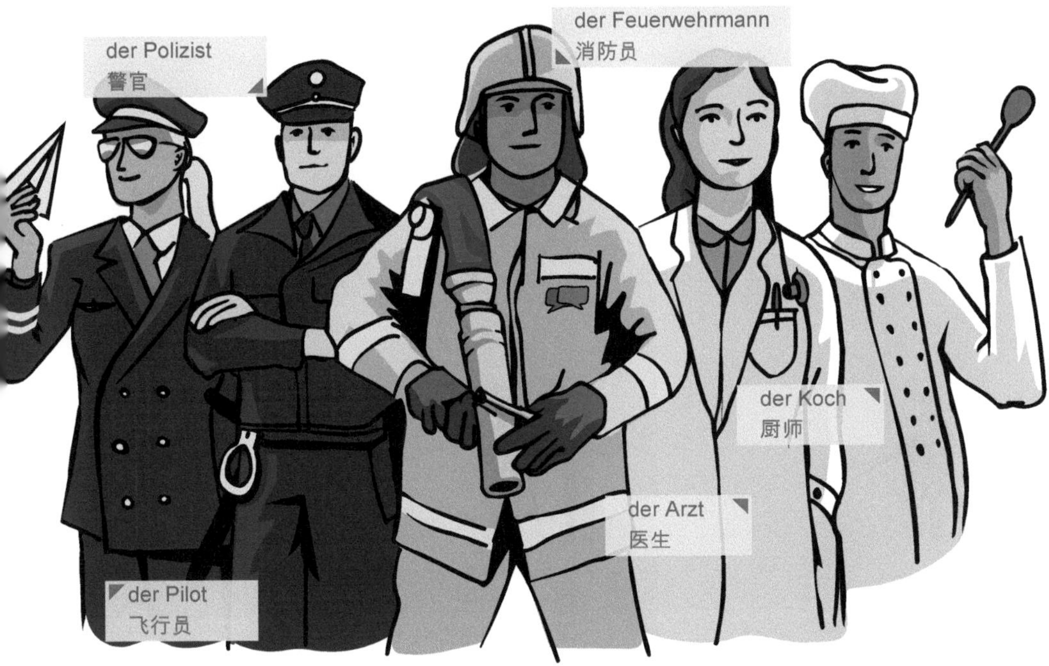
der Polizist
警官
der Feuerwehrmann
消防员
der Koch
厨师
der Arzt
医生
der Pilot
飞行员

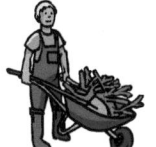

der Gärtner
园丁

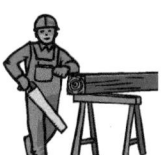

der Tischler
木匠

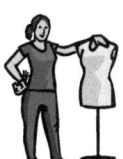

die Näherin
裁缝

der Richter
法官

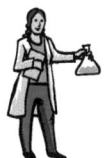

der Chemiker
化学家

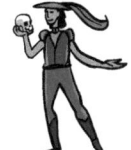

der Schauspieler
演员

der Busfahrer

公交车司机

der Taxifahrer

出租车司机

der Fischer

渔夫

die Putzfrau

清洁女工

der Dachdecker

屋顶工

der Kellner

服务员

der Jäger

猎人

der Maler

画家

der Bäcker

面包师

der Elektriker

电工

der Bauarbeiter

建筑工人

der Ingenieur

工程师

der Schlachter

屠夫

der Klempner

水管工

der Postbote

邮递员

der Soldat

士兵

der Architekt

建筑师

der Kassierer

收银员

der Florist

花农

der Friseur

理发师

der Schaffner

售票员

der Mechaniker

机械师

der Kapitän

船长

der Zahnarzt

牙医

der Wissenschaftler

科学家

der Rabbi

拉比

der Imam

伊玛目

der Mönch

和尚

der Geistliche

牧师

die Berufe - 职业

die Werkzeuge
工具

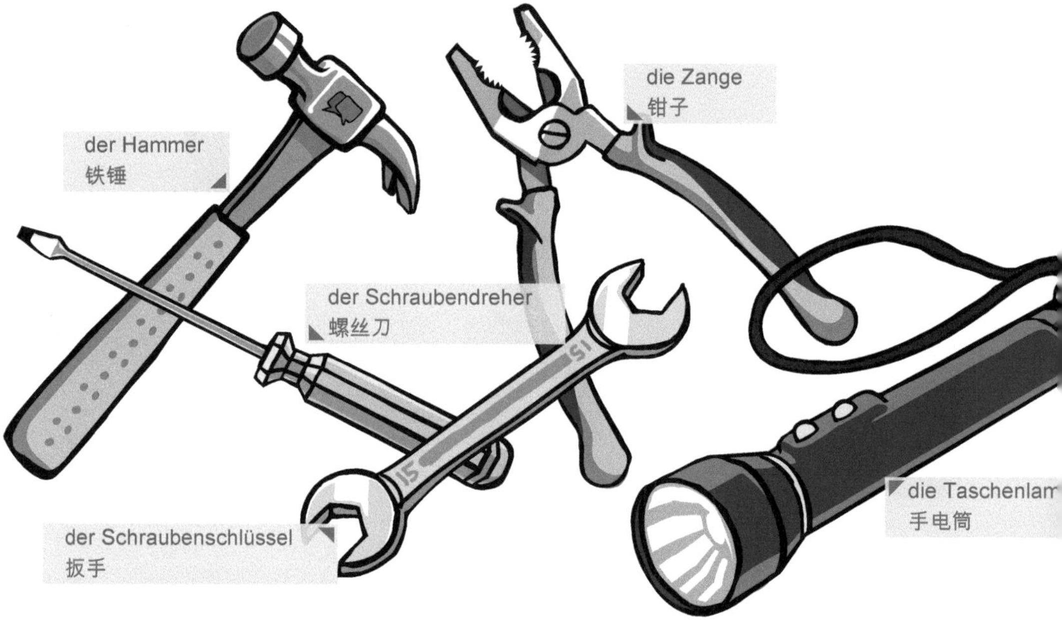

die Zange
钳子
der Hammer
铁锤
der Schraubendreher
螺丝刀
die Taschenlam
手电筒
der Schraubenschlüssel
扳手

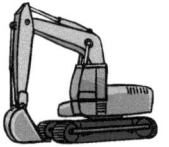

der Bagger
挖掘机

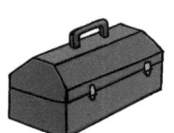

der Werkzeugkasten
工具箱

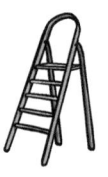

die Leiter
梯子

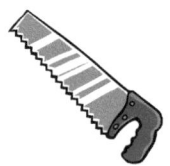

die Säge
锯子

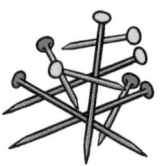

die Nägel
钉子

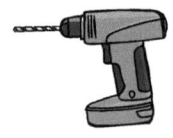

der Bohrer
钻机

reparieren

修

die Schaufel

铲子

Mist!

靠！

das Kehrblech

簸箕

der Farbtopf

油漆桶

die Schrauben

螺丝

die Musikinstrumente
乐器

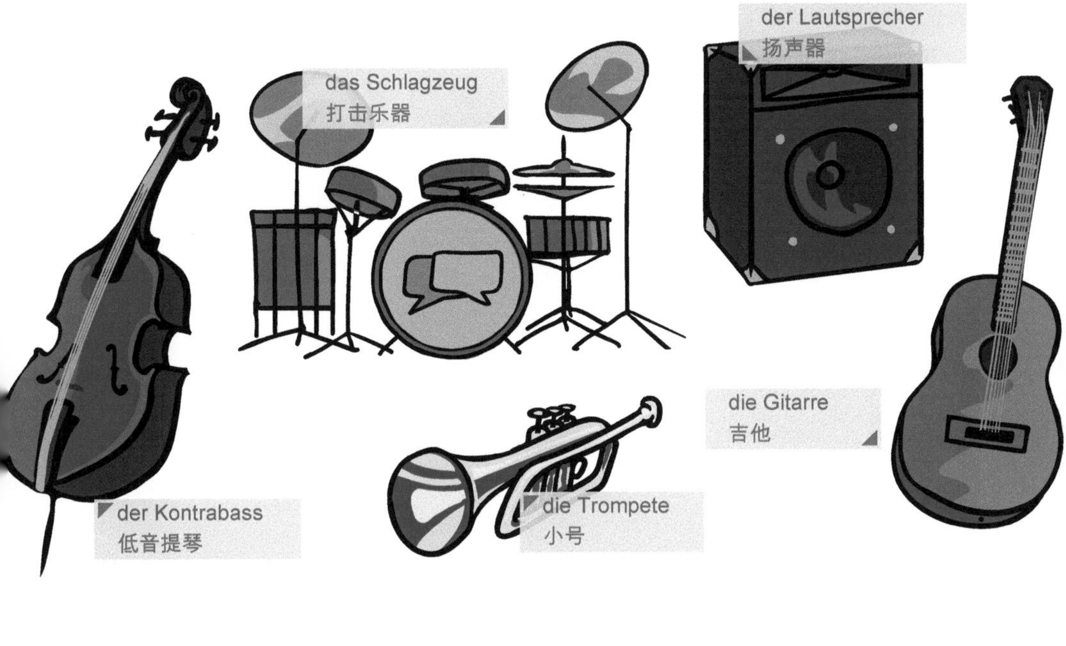

das Schlagzeug
打击乐器

der Lautsprecher
扬声器

die Gitarre
吉他

der Kontrabass
低音提琴

die Trompete
小号

das Klavier

钢琴

die Violine

小提琴

der Bass

贝斯

die Pauke

定音鼓

die Trommeln

鼓

das Keyboard

电子琴

das Saxophon

萨克斯管

die Flöte

长笛

das Mikrofon

麦克风

der Zoo
动物园

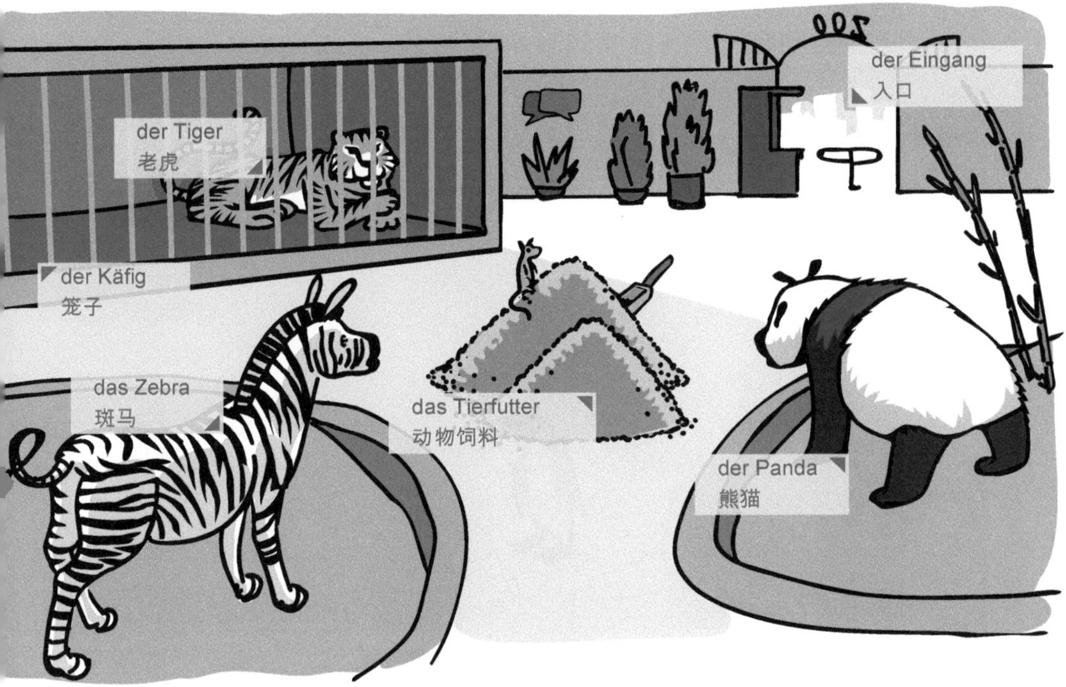

der Eingang
入口
der Tiger
老虎
der Käfig
笼子
das Zebra
斑马
das Tierfutter
动物饲料
der Panda
熊猫

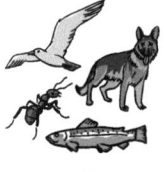

die Tiere

动物

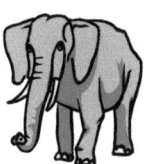

der Elefant

大象

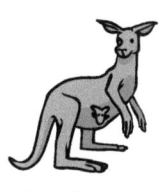

das Känguruh

袋鼠

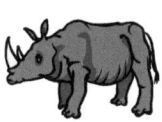

das Nashorn

犀牛

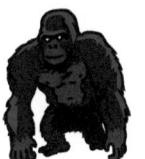

der Gorilla

大猩猩

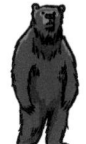

der Bär

熊

das Kamel

骆驼

der Strauß

鸵鸟

der Löwe

狮子

der Affe

猴子

der Flamingo

火烈鸟

der Papagei

鹦鹉

der Eisbär

北极熊

der Pinguin

企鹅

der Hai

鲨鱼

der Pfau

孔雀

die Schlange

蛇

das Krokodil

鳄鱼

der Zoowärter

动物园管理员

die Robbe

海豹

der Jaguar

美洲豹

das Pony

矮种马

der Leopard

豹

das Nilpferd

河马

die Giraffe

长颈鹿

der Adler

老鹰

das Wildschwein

野猪

der Fisch

鱼

die Schildkröte

龟

das Walross

海象

der Fuchs

狐狸

die Gazelle

羚羊

das American Football
橄榄球

das Radfahren
骑自行车

das Tennis
网球

der Basketball
篮球

das Schwimmen
游泳

das Eishockey
冰球

das Boxen
拳击

der Fußball
英式足球

das Badminton
羽毛球

die Leichtathletik
田径

der Handball
手球

das Skilaufen
滑雪

das Polo
马球

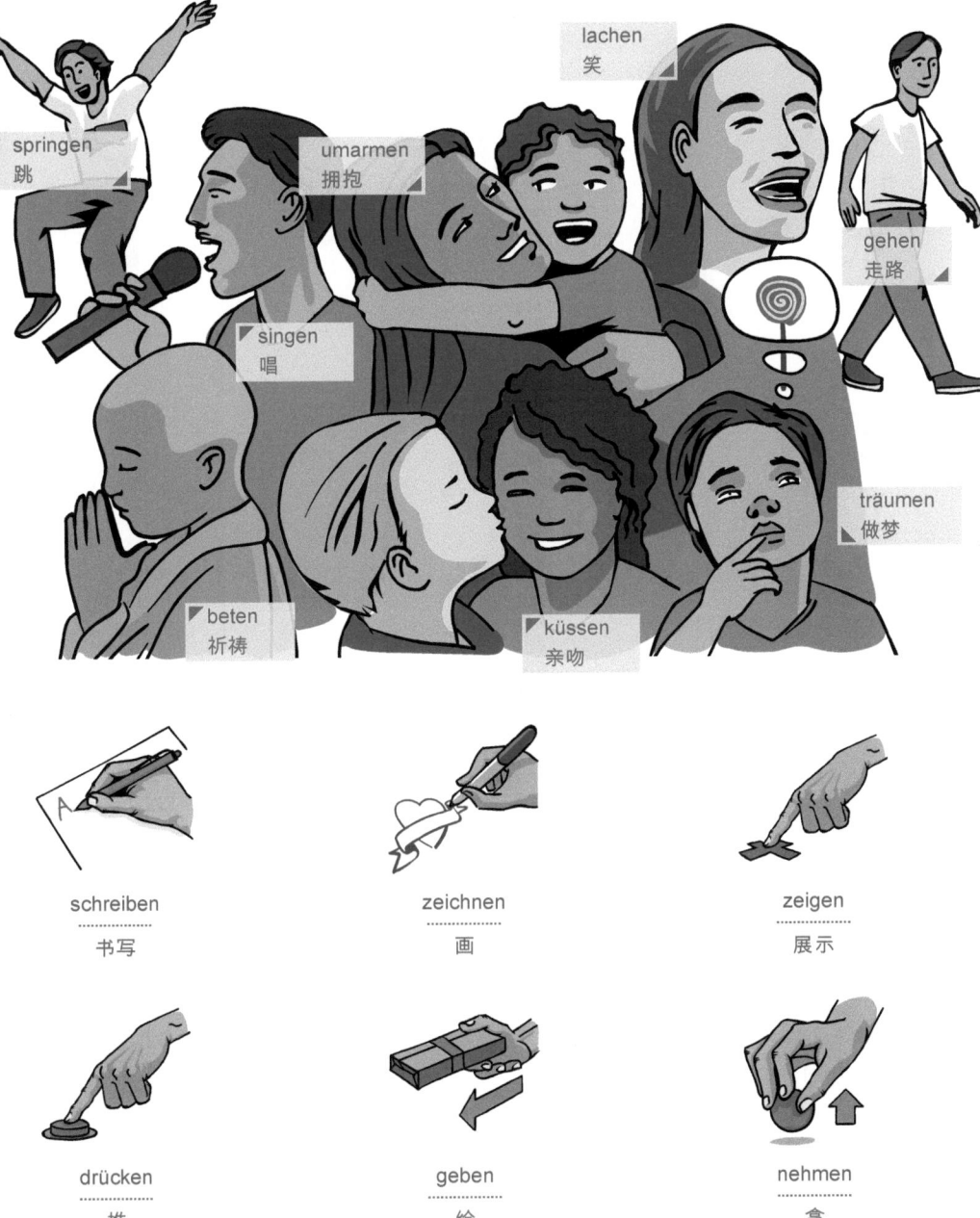

springen
跳

lachen
笑

umarmen
拥抱

gehen
走路

singen
唱

träumen
做梦

beten
祈祷

küssen
亲吻

schreiben

书写

zeichnen

画

zeigen

展示

drücken

推

geben

给

nehmen

拿

haben

有

tun

做

sein

当

stehen

站

laufen

跑

ziehen

拉

werfen

扔

fallen

摔倒

liegen

躺

warten

等待

tragen

携带

sitzen

坐

anziehen

穿衣

schlafen

睡觉

aufwachen

醒来

ansehen

看

weinen

哭

streicheln

抚摸

kämmen

梳头

reden

交谈

verstehen

明白

fragen

问

hören

听

trinken

喝

essen

吃

aufräumen

清理

lieben

爱

kochen

做饭

fahren

开车

fliegen

飞

segeln

航行

rechnen

计算

lesen

读

lernen

学习

arbeiten

工作

heiraten

结婚

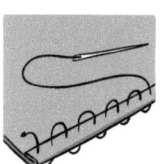

nähen

缝

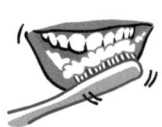

Zähne putzen

刷牙

töten

杀

rauchen

抽烟

senden

寄

die Familie
家

e Großmutter
母

der Großvater
祖父

der Vater
父亲

die Mutter
母亲

das Baby
婴童

die Tochter
女儿

der Sohn
儿子

der Gast

客人

die Tante

阿姨

der Onkel

叔叔

der Bruder

兄弟

die Schwester

姐妹

der Körper

身体

die Stirn
前额
das Auge
眼睛
die Schulter
肩膀
der Finger
手指
das Gesicht
脸
das Kinn
下巴
die Hand
手
das Bein
腿
die Brust
乳房
der Arm
手臂

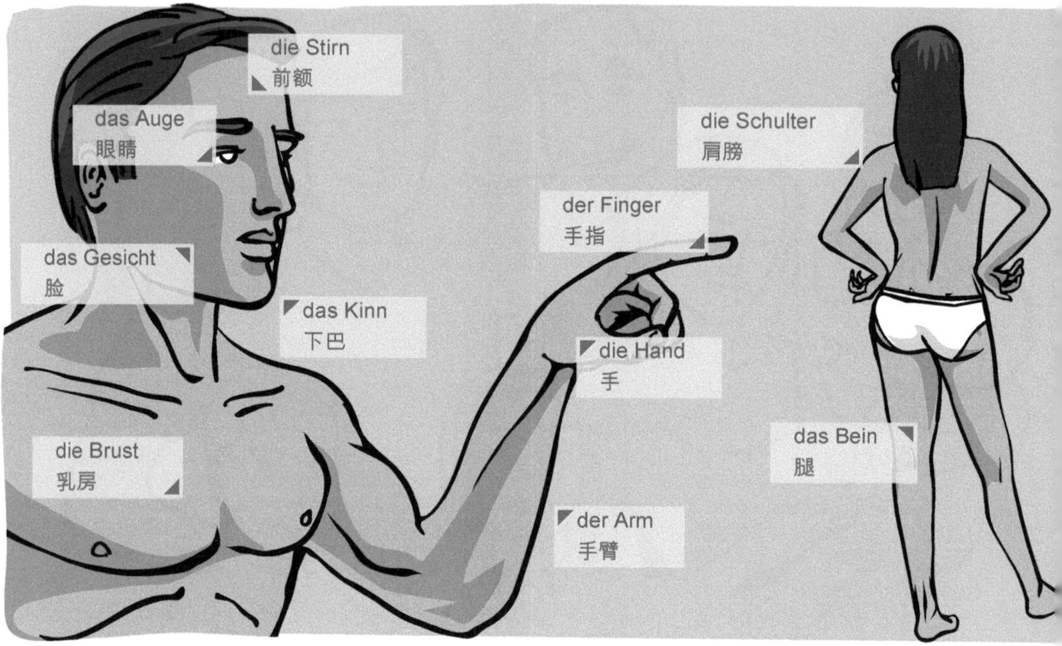

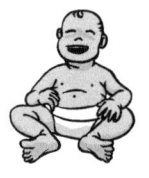

das Baby

婴童

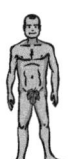

der Mann

男人

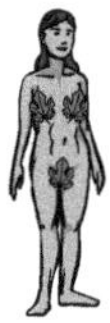

die Frau

女人

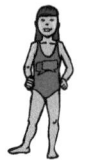

das Mädchen

女孩

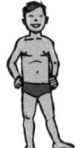

der Junge

男孩

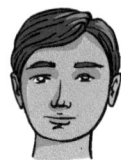

der Kopf

头

der Rücken

背部

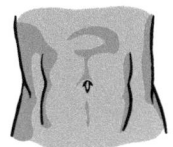

der Bauch

肚子

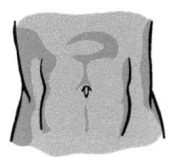

der Nabel

肚脐

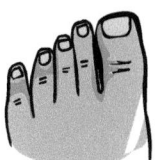

der Zeh

脚趾

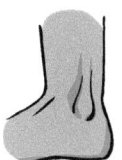

die Ferse

脚后跟

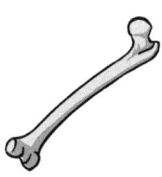

der Knochen

骨头

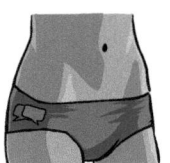

die Hüfte

臀部

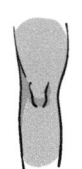

das Knie

膝盖

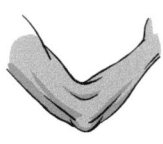

der Ellenbogen

手肘

die Nase

鼻子

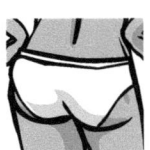

das Gesäß

屁股

die Haut

皮肤

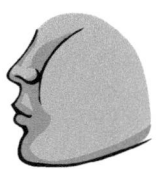

die Wange

脸颊

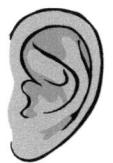

das Ohr

耳朵

die Lippe

嘴唇

der Mund

嘴

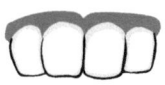

der Zahn

牙齿

die Zunge

舌头

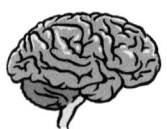

das Gehirn

脑

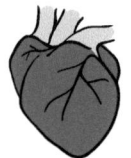

das Herz

心脏

der Muskel

肌肉

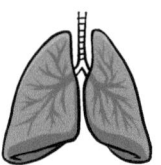

die Lunge

肺

die Leber

肝脏

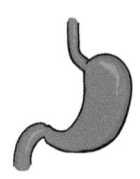

der Magen

胃

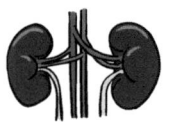

die Nieren

肾脏

der Geschlechtsverkehr

性交

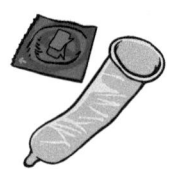

das Kondom

避孕套

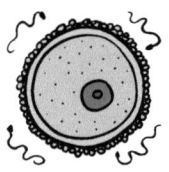

die Eizelle

卵子

das Sperma

精子

die Schwangerschaft

怀孕

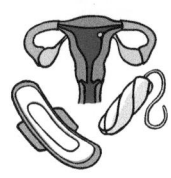

die Menstruation

月经

die Vagina

阴道

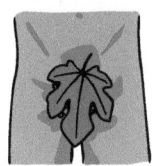

der Penis

阴茎

die Augenbraue

眉毛

das Haar

头发

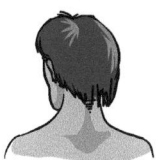

der Hals

脖子

der Körper - 身体 71

das Krankenhaus

医院

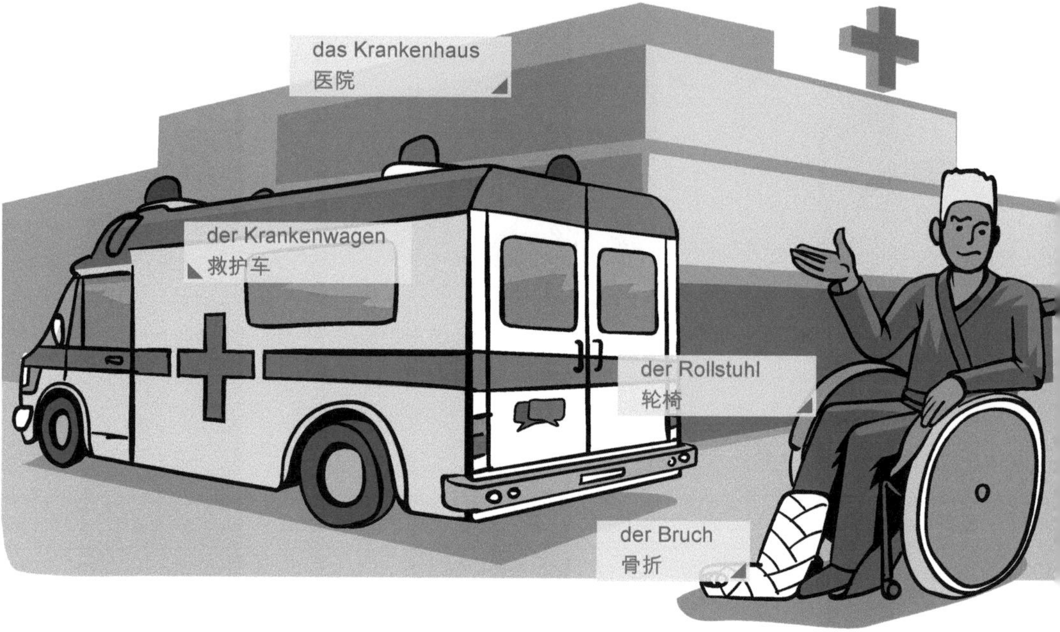

das Krankenhaus
医院
der Krankenwagen
救护车
der Rollstuhl
轮椅
der Bruch
骨折

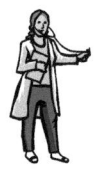

der Arzt

医生

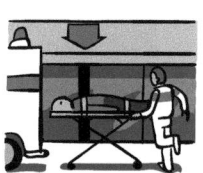

die Notaufnahme

急诊室

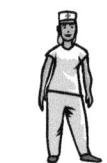

die Krankenschwester

护士

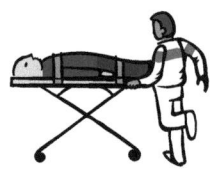

der Notfall

紧急情况

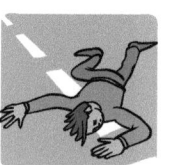

ohnmächtig

昏迷

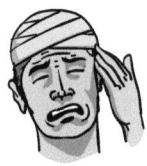

der Schmerz

痛

die Verletzung

受伤

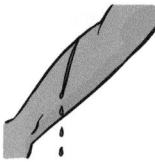

die Blutung

出血

der Herzinfarkt

心脏病发作

der Schlaganfall

中风

die Allergie

过敏

der Husten

咳嗽

das Fieber

发烧

die Grippe

流感

der Durchfall

腹泻

die Kopfschmerzen

头痛

der Krebs

癌症

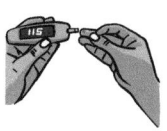

die Diabetis

糖尿病

der Chirurg

外科医生

das Skalpell

手术刀

die Operation

手术

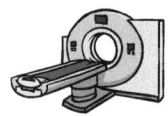

das CT

CT

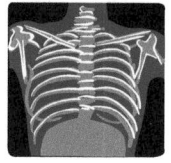

das Röntgen

X光

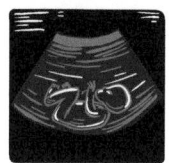

das Ultraschall

超声波

die Maske

口罩

die Krankheit

疾病

das Wartezimmer

候诊室

die Krücke

拐杖

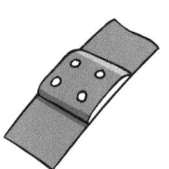

das Pflaster

石膏

der Verband

绷带

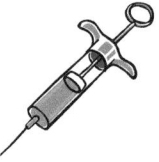

die Injektion

注射

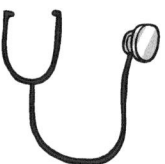

das Stethoskop

听诊器

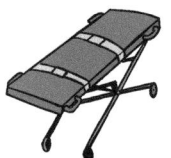

die Trage

担架

das Thermometer

体温计

die Geburt

出生

das Übergewicht

超重

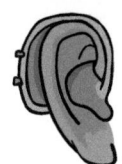

das Hörgerät

助听器

das Desinfektionsmittel

消毒液

die Infektion

感染

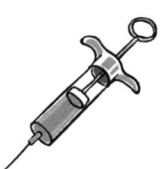

das Virus

病毒

das HIV / AIDS

艾滋病

die Medizin

药物

die Impfung

接种疫苗

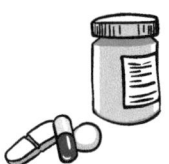

die Tabletten

药片

die Pille

药丸

der Notruf

急救电话

das Blutdruck-Messgerät

血压计

krank / gesund

生病/健康

Hilfe!

救命！

der Alarm

警报

der Überfall

突击

der Angriff

攻击

die Gefahr

危险

der Notausgang

紧急出口

Feuer!

着火啦！

der Feuerlöscher

灭火器

der Unfall

意外

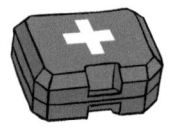

der Erste-Hilfe-Koffer

急救箱

SOS

呼救信号

die Polizei

警察

das Europa

欧洲

das Nordamerika

北美洲

das Südamerika

南美洲

das Afrika

非洲

das Asien

亚洲

das Australien

澳洲

der Atlantik

大西洋

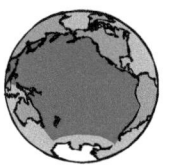

der Pazifik

太平洋

der Indische Ozean

印度洋

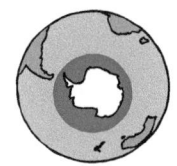

der Antarktische Ozean

南冰洋

der Arktische Ozean

北冰洋

der Nordpol

北极

der Südpol

南极

die Antarktis

南极洲

die Erde

地球

das Land

陆地

das Meer

海

die Insel

岛

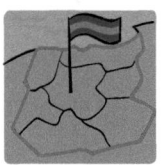

die Nation

国家

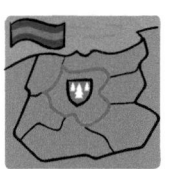

der Staat

国家

das Zifferblatt

钟面

der Stundenzeiger

时针

der Minutenzeiger

分针

der Sekundenzeiger

秒针

Wie spät ist es?

现在几点？

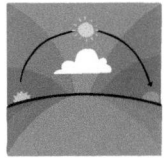

der Tag

天

die Zeit

时间

jetzt

现在

die Digitaluhr

电子表

die Minute

分

die Stunde

时

die Woche

周

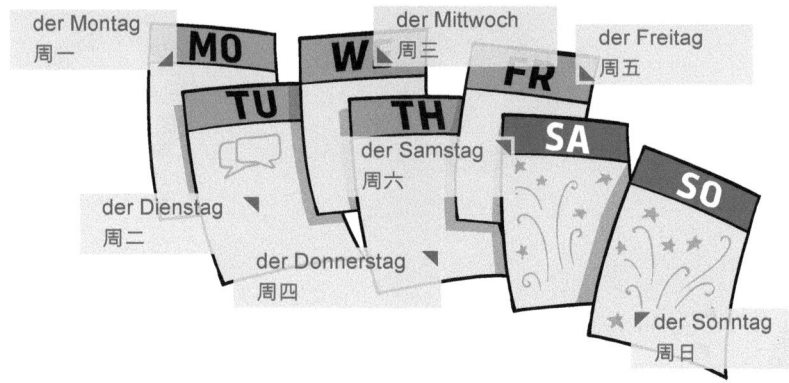

der Montag
周一

der Mittwoch
周三

der Freitag
周五

der Dienstag
周二

der Donnerstag
周四

der Samstag
周六

der Sonntag
周日

gestern

昨天

heute

今天

morgen

明天

der Morgen

早晨

der Mittag

中午

der Abend

晚上

die Arbeitstage

工作日

das Wochenende

周末

der Regen
雨

der Regenbogen
彩虹

der Schnee
雪

der Wind
风

der Frühling
春

der Herbst
秋

der Sommer
夏

der Winter
冬

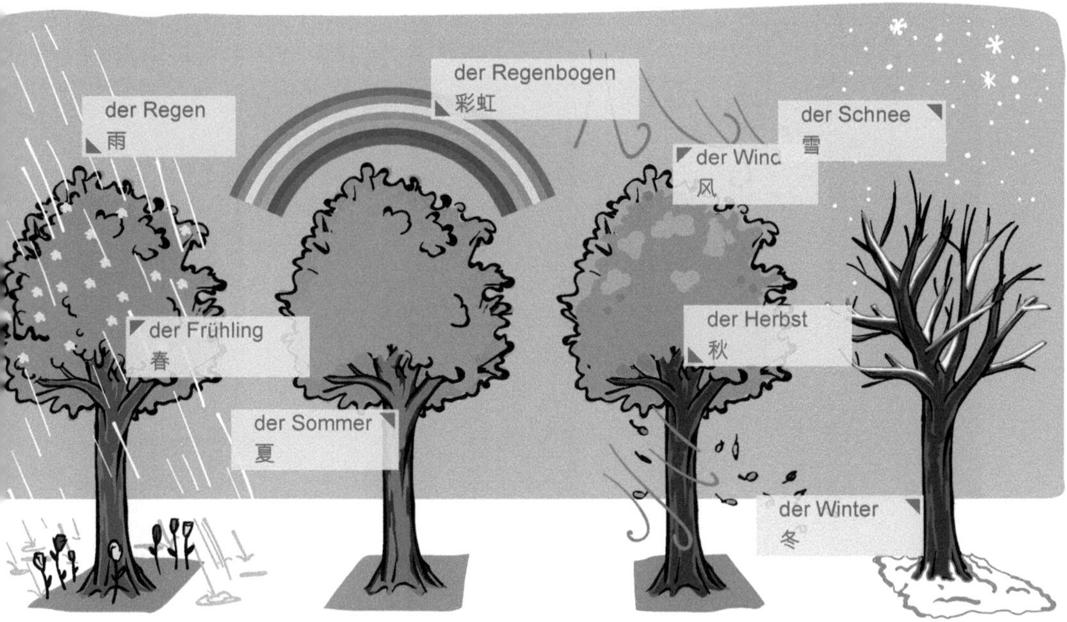

die Wettervorhersage

天气预报

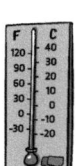

das Thermometer

温度计

der Sonnenschein

阳光

die Wolke

云

der Nebel

雾

die Luftfeuchtigkeit

潮湿

der Blitz

闪电

der Donner

打雷

der Sturm

风暴

der Hagel

冰雹

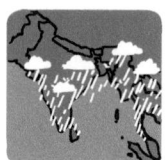

der Monsun

季风

die Flut

洪水

das Eis

冰

der Januar

一月

der Februar

二月

der März

三月

der April

四月

der Mai

五月

der Juni

六月

der Juli

七月

der August

八月

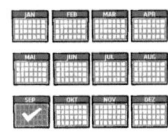

der September

九月

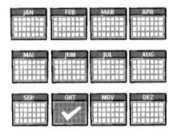

der Oktober

十月

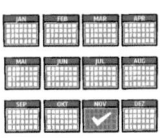

der November

十一月

der Dezember

十二月

die Formen

形状

der Kreis

圆形

das Quadrat

正方形

das Rechteck

长方形

das Dreieck

三角形

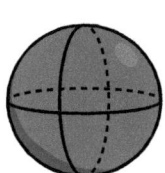

die Kugel

球体

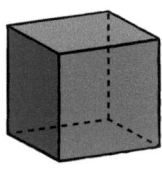

der Würfel

立方体

weiß

白

gelb

黄

orange

橙

pink

粉

rot

红

lila

紫

blau

蓝

grün

绿

braun

棕

grau

灰

schwarz

黑

viel / wenig

很多/少许

wütend / friedlich

生气/平静

hübsch / hässlich

美/丑

der Anfang / das Ende

首/尾

groß / klein

大/小

hell / dunkel

明/暗

der Bruder / die Schwester

兄弟/姐妹

sauber / schmutzig

干净/肮脏

vollständig / unvollständig

完整/缺失

der Tag / die Nacht

白天/晚上

tot / lebendig

死/生

breit / schmal

宽/窄

genießbar / ungenießbar

可食用/非食用

böse / freundlich

邪恶/善良

aufgeregt / gelangweilt

兴奋/无聊

dick / dünn

胖/瘦

zuerst / zuletzt

第一/最后

der Freund / der Feind

朋友/敌人

voll / leer

满/空

hart / weich

硬/软

schwer / leicht

重/轻

der Hunger / der Durst

饿/渴

krank / gesund

生病/健康

illegal / legal

非法/合法

intelligent / dumm

聪明/愚笨

links / rechts

左/右

nah / fern

近/远

die Gegenteile - 反义词

neu / gebraucht

新/旧

nichts / etwas

没有/有些

alt / jung

老/幼

an / aus

开/关

offen / geschlossen

打开/合上

leise / laut

安静/吵闹

reich / arm

富/穷

richtig / falsch

对/错

rau / glatt

粗糙/光滑

traurig / glücklich

伤心/高兴

kurz / lang

短/长

langsam / schnell

慢/快

nass / trocken

湿/干

warm / kühl

温暖/凉爽

der Krieg / der Frieden

战争/和平

die Gegenteile - 反义词

die Zahlen
数字

0

null
零

1

eins
一

2

zwei
二

3

drei
三

4

vier
四

5

fünf
五

6

sechs
六

7

sieben
七

8

acht
八

9

neun
九

10

zehn
十

11

elf
十一

12
zwölf

十二

13
dreizehn

十三

14
vierzehn

十四

15
fünfzehn

十五

16
sechzehn

十六

17
siebzehn

十七

18
achtzehn

十八

19
neunzehn

十九

20
zwanzig

二十

100
hundert

百

1.000
tausend

千

1.000.000
million

百万

die Sprachen

语言

Englisch

英语

Amerikanisches Englisch

美式英语

Chinesisch Mandarin

普通话

Hindi

印地语

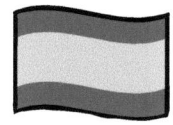

Spanisch

西班牙语

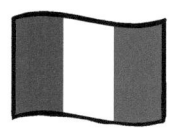

Französisch

法语

Arabisch

阿拉伯语

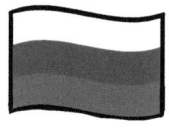

Russisch

俄语

Portugiesisch

葡萄牙语

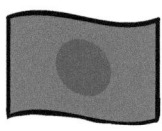

Bengalisch

孟加拉语

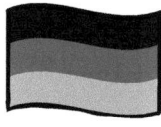

Deutsch

德语

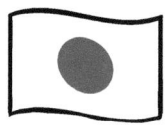

Japanisch

日语

ich
我

du
你

er / sie / es
他/她/它

wir
我们

ihr
你们

sie
他们

wer?
谁？

was?
什么？

wie?
怎样？

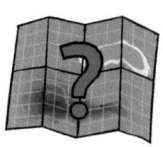

wo?
哪里？

wann?
什么时候？

Name
名字

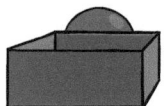

hinter

后面

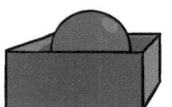

in

里面

vor

前面

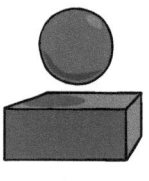

über

上方

auf

上面

unter

下面

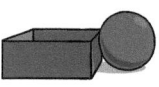

neben

旁边

zwischen

中间

der Ort

地点